BEI GRIN MACHT SICH IHR WISSEN BEZAHLT

AF167164

- Wir veröffentlichen Ihre Hausarbeit, Bachelor- und Masterarbeit

- Ihr eigenes eBook und Buch - weltweit in allen wichtigen Shops

- Verdienen Sie an jedem Verkauf

Jetzt bei www.GRIN.com hochladen und kostenlos publizieren

Bibliografische Information der Deutschen Nationalbibliothek:

Die Deutsche Bibliothek verzeichnet diese Publikation in der Deutschen National-bibliografie; detaillierte bibliografische Daten sind im Internet über http://dnb.d-nb.de/ abrufbar.

Impressum:

Copyright © 2019 GRIN Verlag
Druck und Bindung: Books on Demand GmbH, Norderstedt Germany
ISBN: 9783346177032

Dieses Buch bei GRIN:

https://www.grin.com/document/541148

Riccarda Jung

Qualitative Inhaltsanalyse und Interviewleitfaden als Grundlagen qualitativer Forschung

GRIN Verlag

GRIN - Your knowledge has value

Der GRIN Verlag publiziert seit 1998 wissenschaftliche Arbeiten von Studenten, Hochschullehrern und anderen Akademikern als eBook und gedrucktes Buch. Die Verlagswebsite www.grin.com ist die ideale Plattform zur Veröffentlichung von Hausarbeiten, Abschlussarbeiten, wissenschaftlichen Aufsätzen, Dissertationen und Fachbüchern.

Besuchen Sie uns im Internet:

http://www.grin.com/

http://www.facebook.com/grincom

http://www.twitter.com/grin_com

Einsendeaufgabe

Qualitative Inhaltsanalyse und Interviewleitfaden

Modul:	Wissenschaftliches Arbeiten – Vertiefung I
Studiengang:	Wirtschaftspsychologie
Semester:	7. Semester
Thema:	Aufgabe C (Gültig bis: 31.12.2019)

von

Riccarda Jung

Inhaltsverzeichnis

Abbildungsverzeichnis

1. C1: Konzeption des qualitativen Interviewleitfaden zur Ermittlung der Kundenbindung bei Abonnementzeitungen

1.1. Operationalisierung und Konzeption der Fragengestaltung

In der qualitativen Forschung werden verbale Daten auf zwei Arten gewonnen: durch Erzählung oder mittels Leitfadeninterview. Wird bei der Fragestellung der Schwerpunkt auf den Verlauf des einzelnen Falls und den Kontext von Erfahrungen gelegt, wird meistens das Erzählverfahren ausgewählt. Sind allerdings konkrete Aussagen über einen Gegenstand Ziel der Datenerhebung, wird das Leitfadeninterview genutzt[1].

Ein **Leitfadeninterview** ist ein Leitfaden mit offen formulierten Fragen für den Interviewer. Aufgrund des konsequenten Einsatzes des Leitfadens, wird die Vergleichbarkeit der Daten erhöht und die Daten durch die Fragen eine Struktur. Der Leitfaden ist somit Orientierung für den Interviewer und stellt zugleich sicher, dass keine wesentlichen Aspekte vergessen gehen. Das Interview muss allerdings nicht strikt nach dem Leitfaden durchgeführt werden. Die Reihenfolge der Fragen muss nicht vollständig eingehalten werden. Der Interviewer kann selbst entscheiden, ob und wann er detailliert Rückfragen stellt, ausholende Ausführungen des Befragten unterstützt bzw. ob und wann er Ausschweifungen des Befragten zum Leitfaden zurückkehrt. Da das Ziel einer qualitativen Forschung Offenheit ist, sollte sich der Interviewer auch nicht zu starr nach dem Ablauf des Leitfadens richten und in falschen Momenten Ausführungen unterbrechen. Allerdings sollte er auch Themen irrelevante Ausschweifungen erkenn und verhindern. Aufgrund der Komplexität zwischen Relevanz des Gesagten und den noch nicht beantworteten Fragen, der situativen Einzelentscheidungen während des Interviews und der notwendigen Sensibilität dem Befragten gegenüber, ist ein Interviewtraining für den Interview vorab unerlässlich[2].

---

[1] Vgl. Flick (2000), S. 114
[2] Vgl. Flick (2000), S. 114

Durch die Vielzahl digitaler Medien hat sich die Nutzung von Printprodukten der Presseverlage verringert. Dies führt zu einer Verschiebung der Bedeutung des klassischen Print-Abonnements. Ein Abonnement bedeutet eine mittel- bis langfristige Bindung eines Lesers oder Nutzers an ein journalistisches, redaktionelles Produkt. Allerdings ist dies in der heutigen Multioptionsgesellschaft schwierig. Menschen möchten sich bei vielen Lebensentscheidungen letztlich nicht mehr festlegen, sondern sich stattdessen möglichst viele Entscheidungsvarianten offen halten. Dies fällt unmittelbar auf klassische Abonnementverpflichtungen zurück. Hinzukommt, dass die Anerkennung des finanziellen Werts journalistischer Leistungen gesunken ist. Entsprechend hängt die Zukunftsfähigkeit des Abonnements davon ab, dass es gelingt nicht nur inhaltlich Medienprodukte zu konzeptionieren, sondern auch bei Geschäfts- und Erlösmodellen den Erwartungen der Leser zu entsprechen[3].

In der folgenden Tabelle ist das Konstrukt „Kundenbindung bei Zeitungen" von Rogall auf drei Spalten dargestellt. Rogall untersuchte die Leserbindung am Beispiel regionaler Abonnementzeitungen mit der multiplen Regressionsanalyse und brachte zum Ergebnis die folgenden Einflussfaktoren bzw. Dimensionen auf die Leserbindung bei Zeitungen[4]: habituelle Mediennutzung, Variety Seeking, Kundenzufriedenheit, soziale sowie ökonomische Wechselhemmnisse, Produktfunktionen, Forschungsmethodik und Forschungsergebnis. Die fünf Dimensionen sind in weitere Kategorien und Indikatoren aufgeschlüsselt und in der folgenden Tabelle aufgeschlüsselt. Folgnd wird eine Operationalisierung der Indikatoren in Fragen für einen Interviewleitfaden in der vierten Spalte vorgenommen[5]. Zum Teil werden diese Fragen eingeleitet, da entsprechende überleitende Formulierungen zwischen den Fragen vor allem für ungeübte Interviewer empfehlenswert sind[6].

---

[3] Vgl. Breyer-Mayländer und Keil (2019), S. 1 ff
[4] Vgl. Rogall (2000) zitiert nach Giloth (2018), S. 36
[5] Vgl. Reinhardt und Ornau (2015), S. 18
[6] Vgl. Reinhardt und Ornau (2015), S. 18

Dimension	Kategorie	Indikatoren	Fragen für Leitfaden
Habituelle Medien-nutzung	Gewöhnung an Struktur/ Gestaltung/ Nutzung	Schnellere Informationsfindung, Vermissen der Zeitung im Tagesablauf, Zeitungslesen, als Gewohnheit, Umgewöhnungsdauer bei Produktwechsel	Frage 1: „Mich würde interessieren, was Sie dazu bewegt dieser Zeitung treu zu bleiben. Was ist der Grund, wieso Sie die Zeitung nicht abbestellen oder wechseln würden."
	Medien-nutzungs-muster	Bestimmte Lesereihenfolge, Leserubriken/-abschnitte, Leseorte, Lesezeiten, Nichtlesen bestimmter Teile, Wunsch nach schnellem Überblick	Frage 2: „Ich möchte gerne Ihren Umgang mit der Zeitung besser kennenlernen. Welche Inhalte lesen Sie und wann lesen Sie? Würden Sie die Zeitung zur Ihrer täglichen Routine zählen?"
Veriety Seeking	Wunsch nach Abwechslung	Langeweile durch Langzeitabonnement, Täglich neue Informationen/Nachrichten, Ausprobieren von Neuerscheinungen	Frage 3: „Es interessiert mich, ob Sie erwägen die Zeitung zu wechseln. Was wäre der Grund für Sie zu wechseln?"
	Nutzung von Konkurrenz-medien	Bezug weiterer Zeitungen, Bezug weiterer Probeabonnements, Nutzung anderer Medien	Frage 4: „Haben Sie noch weitere Abonnements bei anderen Zeitungsverlagen?"
Kunden-zufrieden-heit	Zufriedenheit insgesamt oder mit Teilen der Zeitung	Globalzufriedenheit, Partielle Zufriedenheit	Frage 5: „Sind Sie denn mit dieser Zeitung rundum zufrieden?"
Soziale Wechsel-hemmnisse	Traditionelle Medien-nutzung	Abo als Familientradition	Frage 6: „Mich interessiert Ihre Verbindung zu dieser Zeitung. Haben Menschen in ihrem Umfeld auch ein Abo dieser Zeitung?"
	Soziale Bindung an Region/ gesellschaft-liche Pertizipation	Zeitung als Verbindung zur Region, Zeitung als Symbol für die Region, Zeitungslesen als gesellschaftliche Partizipation	Frage 7: „Denken Sie diese Zeitung zu abonnieren bringt einen gesellschaftlichen Stellenwert mit sich?"
	Beeinflussung durch soziales Umfeld	Abonnement im Freundeskreis üblich, Gefahr, ohne Zeitung benachteiligt zu sein, Gefahr, ohne Zeitung als ungebildet zu gelten	Frage 8: „Was würden Ihre Freunde davon halten, wenn Sie die Zeitung nicht abonnieren würden?"
	Lokalpolitisches Interesse/ Engagement	Interesse an Lokalpolitik, Engagement in Lokalpolitik	Frage 9: „Ich frage mich, ob Sie politisch engagiert sind. Wie ist Ihre Verbindung zur Lokalpolitik?"
Öko-nomische Wechsel-hemmnisse	Wechselkosten	Aufwand oder Kosten für Abonnementwechsel, Preis der Zeitung kein Wechselargument, Beurteilung Preis-Leistungsverhältnis	Frage 10: „Wie ist Ihr Empfinden bezüglich des Preises dieser Zeitung?"
	Treuevorteile/ Rabatte	Wunsch oder Wahrnehmung von/nach Treuevorteile	Frage 11: „Haben Sie Interesse an Treuevorteilen?"
	Beschwere-verhalten	Wichtigkeit von Beschwerdekanälen, Beschwerdeabsicht vor Kündigung, Kenntnis der Beschwerdekanäle	Frage 12: „Was wissen Sie über Beschwerdekanäle und welche Erfahrungen haben Sie bisher damit gemacht?"
Produkt-funktionen und -Eigen-schaften	Beurteilung von Funktionen der Zeitung	Informations-, Orientierungs-, Instrumentelle, Selektions-, Integrations-, Kultur-, Entspannung-, Unterhaltungsfunktion	Frage 13: „Mich interessiert, wie Sie den Nutzen dieser Zeitung beurteilen würden. Bitte beschreiben Sie mir, welche Funktion ein Abo bei dieser Zeitung für Sie persönlich hat."

Beurteilung ausgewählter Eigenschaften der Zeitung	Wahrnehmung der Zeitung als Markenartikel	Frage 14: „Würden Sie die Zeitung als eine Marke beschreiben?"
Beurteilung der Zeitung anhand der Eigenschaften	- Übersichtlichkeit - Handhabbarkeit - Ausführlichkeit - Objektivität - Verständlichkeit - Oberflächlichkeit - Lesernähe - Farbigkeit - Interessantheit - Sachlichkeit - Modernität - Optimismus - Glaubwürdigkeit - Aktualität	Frage 15: „Ich würde Sie bitten mir zum Abschluss noch einmal kurz und knapp folgende Fragen mit ja oder nein zu beantworten: Finden Sie die Zeitung übersichtlich? ...handhabbar? ...ausführlich? ...objektiv? ...nah am Leser? ...farbig? ...interessant? ...sachlich? ...modern? ...optimistisch? ...glaubwürdig? ...aktuell?"

Zur Formulierung wurden das Beispiel von Reinhardt und Ornau herangezogen[7]. Auf Grundlage der erstellten Fragen, ist dieser Arbeit in der Anlage 1 der vollständige Interviewleitfaden zur Ermittlung der Kundenbindung für die Tageszeitung MUSTER (Name für eine Beispielzeitung) beigefügt.

1.2. Darstellung der Leser- bzw. Rezipientengruppen

Die **Lesergruppe** zu definieren ist in Bezug auf die Kundenbindung bei Zeitungen nicht einfach. Denn ein Abonnent ist nicht gleich auch der Leser der Zeitung. Nur im Falle eines Einpersonenhaushalts kann davon ausgegangen werden, dass der Käufer der Zeitung identisch mit dem Leser der Zeitung ist. Bei einem Mehrpersonenhaushalt z.B. einer Familie, wird i.d.R. nur eine Ausgabe bestellt, obwohl mehrere Familienmitglieder die Zeitung lesen. Wird hier nur der Abonnent zur Kundenbindung befragt, werden die anderen Leser nicht berücksichtigt. Denkbar ist aber auch, dass in einem Mehrpersonenhaushalt mehrere Zeitungsabonnements auf ein und dieselbe Person ausgestellt sind, obwohl der Abonnent selbst nur eine dieser Zeitungen liest. Beispielsweise könnte ein[8]

---

[7] Vgl. Reinhardt und Ornau (2015), S. 18
[8] Vgl. Rogall (2000), S. 68

Familienvater für seine Töchter eine Klatschzeitung mitbestellen, ohne sie zu lesen. Daher sollte vorab überlegt werden, ob die Befragung auf den Lesermarkt, mit Schwerpunkt auf die Höhe der verkauften Auflage, oder auf den Anzeigenmarkt, mit Augenmerk auf die Reichweite des Mediums, ausgeweitet wird. Wird sich für die Gruppe des **Lesermarkts** entschieden, ist es sinnvoll die Untersuchung der Kundenbindung auf kaufentscheidungsrelevante Personen, also die Abonnenten, konzentrieren. Allerdings sollte nicht vergessen werden, dass z.B. in einem Mehrpersonenhaushalt auch die anderen Leser den Kaufentscheidungsprozess nachhaltig beeinflussen. Wird der **Anzeigenmarkt** untersucht, sind die Werbekunden und somit die Anzahl aller Leser einer Zeitung relevant und nicht die Anzahl der Käufer[9]. Nun ist abzuwägen, ob die Kundenbindung der Käufer und somit Zahler wichtiger ist und sich somit auf den Lesermarkt beschränkt wird, oder ob die Beeinflussung der anhängenden Leser ebenfalls als relevant für die Kundenbindung eingestuft wird. Wird die aktuelle Entwicklung hinzu Abonnements die geteilt werden können berücksichtigt, wie es z.B. der Spotify-Family oder der Netflix-Account für vier Freunde vormacht, sollte in dem Fall der *Kundenbindung der Zeitungsabonnenten die Rezipientengruppe auf den Anzeigenmarkt* ausgeweitet werden. Denn hiernach sind alle weiteren Leser auch Abonnenten. Dieser Trend bezieht sich auf viele weitere Alltagsgegenstände wie z.B. Autos und wird als Sharing Economy bezeichnet[10]. Entsprechend beinhaltet die Lesergruppe die Abonnenten bzw. Käufer und deren Mitbewohner und Familienmitglieder.

1.3. Beschreibung der qualitativen Stichprobe

Wie in Kapitel 2.1 genauer definiert wird, ist in diesem Fall der Umfang und die Merkmale der Grundgesamtheit noch weitgehend unbekannt. Die Stichprobe wird somit während der Untersuchung erweitert und ergänzt[11].

---

[9] Vgl. Rogall (2000), S. 68
[10] Vgl. Iwd (2018)
[11] Vgl. Flick (2000), S. 83

Das könnte so aussehen, dass in dem Interview mit Herrn Muster (Abonnent X1) während der Befragung herausgefunden wird, dass seine Frau die von ihm abonnierte und bezahlte Zeitung wesentlich öfter liest und nutzt als er selbst. In diesem Fall sollte das Interview auf Frau Muster erweitert werden, da der Anzeigenmarkt als Lesergruppe im vorherigen Kapitel definiert wurde. Bei Herrn Beispiel (Abonnent Y2) besteht bereits vorab die Vermutung, dass in seinem Haushalt mehrere Personen die Tageszeitung nutzen, da in seinem Haushalt zwei volljährige Töchter wohnen. Im Laufe dieses Interviews müssten dann alle weiteren Leser der Familie Beispiel miteinbezogen werden. Umgekehrt wohnt Frau Vorlage (Abonnent Z3) ebenfalls in einem Mehrpersonenhaushalt. Hier wird ebenfalls vermutet, dass es weitere Leser der Tageszeitung MUSTER gibt, allerdings wird in dem Interview mit Frau Vorlage deutlich, dass sie die einzige Nutzerin ist, da ihr Mann sowie ihre Kinder jeweils eigene Abonnements bei anderen Zeitungen abgeschlossen haben. Entsprechend wird bei der Untersuchung der Kundenbindung der Tageszeitung MUSTER erst während der Durchführung der Interviews der Umfang des Anzeigenmarkts bekannt.

1.4. Durchführung der Interviews

Die erste Phase der Durchführung ist die **Planungsphase** und beinhaltet die gedankliche Vorbereitung einer Studie. Hier werden mögliche Anforderungen eines Forschungsfeldes überlegt, Lernpotentiale hergestellt, Rahmenbedingungen ausgelotet, Informationen und Datenmaterialien gesammelt, die organisatorischen Voraussetzungen für die Realisierung des Vorhabens festgelegt, die sozialen Voraussetzungen des Zugangs zu einem Forschungsfelds bzw. die Handlungsweisen des Feldes sowie die Eignung der qualitativen Forschungsstrategie überprüfen. Die **Orientierungsphase** ist die zweite Phase und beinhaltet die Umsetzung der in der Planung vorgesehenen Schritte. Hierbei ist die Eröffnung des Kontaktes zum untersuchten sozialen[12]

---

[12] Vgl. Froschauer und Lueger (2003), S. 25 ff

System, besonders bei Haftungsanstalten, Ministerien, Schulen, Familien oder Unternehmen, sehr wichtig. Die Art der Kommunikation und der Aufbau von Beziehungen haben eine besondere Bedeutung, da sie Folgekontakte bzw. Schnittstellen zu weiteren Kontaktstellen erleichtern oder blockieren kann[13]. In dieser Phase wird auch die Eignung verschiedener Verfahrensweisen im Forschungsfeld geprüft und erste Gespräche geführt, wobei erste Informationen über den Umgang mit dem sozialen System und dessen interne Prozesse gewonnen werden. Dieser Schritt ist wichtig, um die Selbstbeschreibung des sozialen Systems zu bestimmten und um Wege zu definieren, wie sich für dieses System notwendiges Wissen angeeignet werden kann[14]. Vor Beginn der Hauptforschungsphase sollte wie bereits erwähnt ein Probeinterview durchgeführt werden, um den Interviewleitfaden zu testen. Dies wird auch **Pretest** genannt. Komplizierte, verwirrende bzw. problematische Fragestellungen bzw. Formulierungen können hier erkannt und noch einmal verbessert werden. Zudem können Ergänzungen gemacht werden, sollten Themenpunkte nicht ausreichend berücksichtigt worden sein. Ein Pretest zu einem frühen Zeitpunkt kann die Information der gesamten Befragung und die Vergleichbarkeit der Ergebnisse erhöhen[15]. In der **zyklischen Hauptforschungsphase** erfolgt nun der intensive Forschungsprozess. Die einzelnen Forschungszyklen treiben die inhaltliche sowie methodische Entwicklung des Forschungsprozess voran. Ein Forschungszyklus besteht aus Erhebungsverfahren, Analyseverfahren, Prüfverfahren und Zwischenbilanzen. Hierbei wird kontinuierlich während der Erhebung auch Interpretationen durchgeführt, indem immer wieder ein Zurücktreten hinter die eigenen Erfahrungen und die distanzierte Analyse des gesamten Forschungshandelns, weshalb auch von einer interpretativen Sozialforschung gesprochen wird. Die vorläufigen Ergebnisse werden permanent und sorgfältig überprüft sowie angepasst und es werden laufend vorläufige Teilanalysen erstellt. Zwischen den einzelnen Analysezyklen werden als Unterbrechungsfunktion Reflexions- und Planungsphasen geschaltet. Aufgrund der Gegenüberstellung der Stärken und[16]

---

[13] Vgl. Froschauer und Lueger (2003), S. 25 ff
[14] Vgl. Lueger (2000) zitiert nach Froschauer und Lueger (2003), S. 26 f
[15] Vgl. Mayer (2013), S. 45 f
[16] Vgl. Froschauer und Lueger (2003), S. 28 ff

Schwächen der eingeschlagenen Forschungsstrategie und gewählten Verfahren wird über die weitere Vorgehensweise neu entschieden. Die einzelnen Analyse- und Reflexionsphasen werden so lange um weitere Zyklen ergänzt, bis sich die Interpretation stabilisiert und keine neuen Erkenntnisse mehr gewonnen werden[17]. Während der Durchführung der Interviews mit den Befragten empfiehlt es sich das Gespräch mit einem Aufnahmegerät aufzunehmen. So kann sich der Interviewer voll und ganz auf das Interview konzentrieren, sodass es kein Frage-Antwort-Dialog wird und kann den Leitfaden besser flexibel handhaben. Hierfür ist die Einverständniserklärung des Befragten notwendig[18]. Die letzte Phase ist die **Ergebnisdarstellung** und dient dem Beitrag zur Wissenschaft. Durch die Kommunikation der Erkenntnisse werden die Ergebnisse zugänglich und setzen sich dadurch kritischen Rezeptionen aus. Zudem hebt dies die Vertrauenswürdigkeit der Ergebnisse. Ziel ist es die Vorgehensweise, die Thematik und das erlangte Wissen systematisch zu erläutern und Hinweise für künftige Forschungsarbeiten auf ähnlichen Gebieten zu erleichtern[19].

2. C2 – Qualitative Fallauswahl

2.1. Definition der qualitativen Fallauswahl und die Verfahren

Sollen alle Studenten in Deutschland, oder alle Arbeitnehmer einer bestimmten Branche oder alle Kunden einer Einkaufsstraße in einer bestimmten Stadt untersucht werden, ist es empirisch nicht möglich alle Elemente der Grundgesamtheit zu untersuchen. Hierfür wird dann die sogenannte Stichprobe bzw. Fallauswahl herangezogen[20]. In der qualitativen Forschung lassen sich zwei Typen von Stichprobenbildungen unterscheiden (Abbildung 1, Kapitel 2.2)[21].

---

[17] Vgl. Froschauer und Lueger (2003), S. 28 ff
[18] Vgl. Friebertshäuser, Langer und Prengel (2013), S. 377
[19] Vgl. Froschauer und Lueger (2003), S. 31 ff
[20] Vgl. Mayer (2013), S. 38
[21] Vgl. Merkens (2000), S. 290 ff; Merkens (1997), S. 97 ff zitiert nach Mayer (2013), S. 39

Bei der Stichprobenbildung bzw. Fallauswahl, genannt **Vorab-Festlegung,** wird die Stichprobe vor Beginn der Untersuchung bezüglich bestimmter Merkmale festgelegt. Die Merkmale bzw. Kriterien ergeben sich aus der Fragestellung der Untersuchung, theoretischen Vorüberlegungen und anderen Studien[22].

Bei einem Experimenteninterview beispielsweise ist eine konkrete Fragestellung bekannt und daher würde in diesem Fall die Vorab-Festlegung ausgewählt werden[23]. Im zweiten Typ, dem **theoretischen Sampling,** wird die Stichprobe auf der Basis des jeweils erreichten Erkenntnisstandes während der Untersuchung schrittweise erweitert und ergänzt. Dieser Typ wird verwendet, wenn sich bei Untersuchungen die Fragestellung erst in ihrem Verlauf bildet und der Umfang und die Merkmale der Grundgesamtheit noch weitgehend unbekannt sind[24]. Im Zentrum steht bei dem theoretischen Sampling die Verzahnung des Auswertungsprozesses mit der Auswahl der zu untersuchenden Fälle. Ziel ist die Initiierung eines Erkenntnisprozesses, in welchem sich die fortschreitenden Entwicklungen theoretischer Einsichten umsetzen und abbilden lassen. Dies wird auch als inkrementelles Vorgehen bezeichnet. Die Fragestellung sollte hierbei nicht zu schnell vorab beantwortet werden, sodass bei der Verfeinerung der Kategorien noch weitere Kategorien gesucht bzw. ergänzt oder andere bestehende Kategorien unterschiedlich gewichtet werden können. Entsprechend sollte in dieser Forschungsarbeit keine zu starke Fokussierung stattfinden, um nicht zu ungerechtfertigten Ausschlüssen möglicherweise relevanter Aspekte zu führen[25]. Das theoretische Sampling ist als qualitative Methode das Gegenstück zur repräsentativen Stichprobe[26]. Dies wird nun im folgenden Kapitel genauer beleuchtet.

---

[22] Vgl. Flick (2000), S. 83
[23] Vgl. Mayer (2013), S. 39
[24] Vgl. Flick (2000), S. 83
[25] Vgl. Strübing (2011), S. 271 zitiert nach Dimbath, Ernst-Heidenreich und Roche (2018), S. 3
[26] Vgl. Dimbath et al. (2018), S. 3 f

2.2.   Unterschiede zu repräsentativen Stichprobeverfahren

Die Ausgangslogik der qualitativen Forschung ist, dass qualitative Sozialforschung andere Ziele als die quantifizierende bzw. standardisierte Sozialforschung verfolgt[27]. Die Stichprobe hat in der qualitativen Forschung eine andere Aufgabe als in der quantitativen, wodurch ihre Bildung nach unterschiedlichen Gesichtspunkten durchgeführt wird. Bei der quantitativen Stichprobenbildung steht die statistische Repräsentativität im Mittelpunkt. D.h. die ausgewählte Stichprobe sollte sich nicht zu sehr von der Grundgesamtheit unterscheiden, damit von der Stichprobe auf die Grundgesamtheit geschlossen werden kann. Es wird nicht soziale Systeme hinsichtlich ihrer Verteilstruktur und statistischen Kausalzusammenhänge untersucht, sondern sie werden hinsichtlich ihrer qualitativen Struktur, ihrer Sinnhaftigkeit und ihrer sozialen Entstehungsprozesse umfassend beschrieben und verstehend erklärt. Hierbei handelt es sich um einen fallverstehenden Ansatz, bei welcher mit einer bewussten Fallauswahl gearbeitet wird. Das bedeutet, dass über verschieden theoretisch angeleitete und reflektierte qualitative Rekrutierungsverfahren gebildet werden[28]. Bei der qualitativen Stichprobenbildung steht die Relevanz der untersuchten Subjekte für das Thema, also die inhaltliche Repräsentation, im Vordergrund. Hier muss die Verallgemeinerbarkeit, das bedeutet dass die Ergebnisse auch für andere Zeiten und Situationen gelten, immer im spezifischen Fall in Form von Argumenten begründet werden[29]. Ziel ist, dass die Ergebnisse auf andere Fälle übertragbar sind bzw. exemplarisch und in diesem Sinne generalisierbar sind[30]. Festzuhalten ist, dass es insgesamt in der qualitativen Fallauswahl nicht um statistische Repräsentativität, sondern um qualitative Repräsentation geht[31].

---

[27] Vgl. Kruse
[28] Vgl. Flick (2000), S. 57 f
[29] Vgl. Merkens (1997), S. 100 zitiert nach Mayer (2013), S. 39 f
[30] Vgl. Friebertshäuser (1997), S. 73 zitiert nach Mayer (2013), S. 39 f
[31] Vgl. Flick (2000), S. 57 f

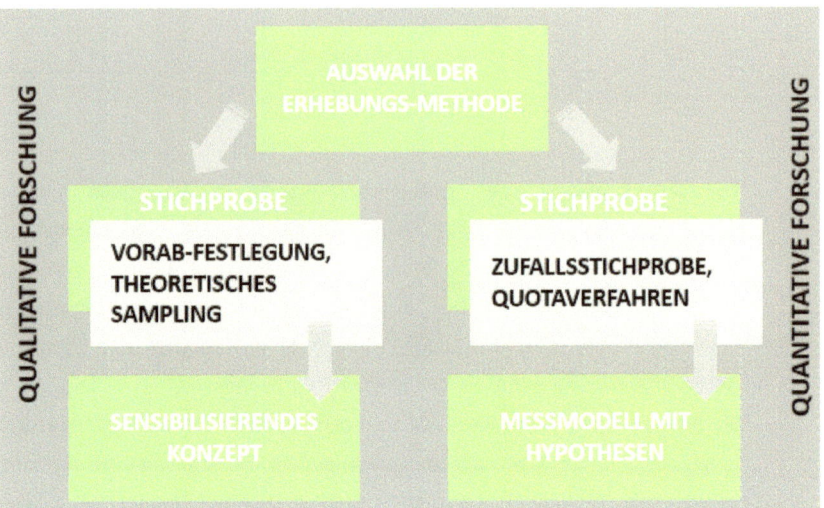

Abbildung 1 - Unterschiede zwischen qualitativer und quantitativer Stichprobe, Quelle: eigene Darstellung[32]

3. C3 – Qualitative Inhaltsanalyse

3.1. Unterschied zwischen quantitativer und qualitativer Inhaltsanalyse und typische Anwendungsfelder

Zu unterscheiden ist zwischen der qualitativen und der quantitativen Inhaltsanalyse, wobei die qualitative Inhaltsanalyse bei der Codierung die Individualität der einzelnen Texte berücksichtigt und die quantitative Inhaltsanalyse die Umfänge, Verteilungen und Häufigkeiten von Wörtern und Satzstrukturen als Schwerpunkt setzt[33]. Vereinfacht ist der Unterschied zwischen quantitativer und qualitativer Forschung wie folgt: Qualitative Sozialforschung beruht i.d.R. auf einem dialog-konsenstheoretischen Wahrheits- bzw. Realitätsverständnis. Zudem benutzt sie nicht standardisierte Methoden und interpretative also nicht statistische Methoden der Datenauswertung. Die Interpretation bezieht sich im Gegensatz zu quantitativen Methoden nicht nur auf Generalisierungen, sondern auch auf Einzelfälle[34].

---

[32] Vgl. Mayer (2013), S. 30
[33] Vgl. Rössler (2017), S. 17 ff
[34] Vgl. Oswald (1997), S. 75 zitiert nach Mayer (2013), S. 26

Theorien der **quantitativen Forschung** werden in der Tradition des Kritischen Rationalismus mit deduktiven Vorgehen und dem Falsifikationsprinzip gebildet[35]. Das bedeutet, dass mit Hilfe theoretischer Wissensbestände aus der Literatur und früheren empirischen Studien theoretische Modelle des Realitätsausschnitts gebildet werden. Aus diesen Modellen werden anschließend Hypothesen, also Vermutungen über Zusammenhänge, abgeleitet. Diese werden dann operationalisiert, also messbar gemacht, um anschließend die empirischen Zusammenhänge überprüfen zu können. Die Überprüfung erfolgt, indem die operationalisierten Hypothesen der Falsifikation ausgesetzt werden[36]. Die quantitative Forschung fordert zudem die Trennung von Entdeckungs-, Begründungs- und Verwertungszusammenhängen. Die qualitative Forschung lehnt dies ab, denn in dem Prozesscharakter des Forschungsablaufs sind diese drei Bereiche untrennbar eingeschlossen und weil bei manchen qualitativen Methoden die Forschungsfragen nicht vorab definiert, sondern erst im Forschungsprozess generiert werden[37]. Allerdings gibt es auch Gemeinsamkeiten und Überschneidungen beider Forschungsrichtungen, weshalb es vielfältige sinnvolle Kombinationsmöglichkeiten gibt. Qualitative Untersuchungen sind Grundlage der quantitativen Forschung und qualitative Ergebnisse ergänzen sowie vertiefen die quantitativen Daten und umgekehrt[38].

Qualitative Methoden distanzieren sich zwar von der strengen Theorie geleiteten quantitativen Forschung, dennoch sind auch bei der Verwendung qualitativer Methoden die Formulierung von Fragestellungen und Konzepten erforderlich. Beispiel hierfür ist das Interview mittels Leitfaden[39]. Qualitative Interviews werden angewendet, wenn die Fragestellung beinhaltet, was die befragte Person für relevant erachtet, wie sie ihre Welt beobachtet und was ihre Lebenswelt charakterisiert. Wenn quantitativ vorgegangen wird und beispielsweise ein standardisierter Fragebogen angewendet wird, muss davon ausgegangen werden, dass bereits im Voraus bekannt ist, was relevant ist. Wenn in Erfahrung gebracht werden soll, was dem Befragten wichtig ist, sollte die[40]

---

[35] Vgl. Mayer (2013), S. 26
[36] Vgl. Mayer (2013), S. 28
[37] Vgl. Lamnek (1995), S. 129 zitiert nach Mayer (2013), S. 26
[38] Vgl. Mayer (2013), S. 27
[39] Vgl. Flick (2000), S. 63 f
[40] Vgl. Froschauer und Lueger (2003), S. 16

qualitative Forschung gewählt werden. Ein Beispiel hierfür wäre, wenn herausgefunden werden soll, welche Führungsstrukturen in einem Unternehmen vorliegen und die Befragten nach ihrem Verständnis von Führung oder dem erlebten Führungsalltag im Beruf gefragt werden[41].

Inhalte, die im Rahmen von Medieninhaltsanalysen systematisch erfasst und untersucht werden können, sind zum Beispiel: **Politik, Wirtschaft, Recht und Wissenschaft.** In der Politik könnte es interessant sein für die nächsten Wahlen den Einfluss von Massenmedien auf die Entscheidungsfindung, die Bewertung von Parteien oder das Image von Politikern zu untersuchen. In der Wirtschaft könnte es von Interesse sein sein, die aktuellen Trends, den Absatz durch Medienpräsenz und die Optimierung von Kommunikationsstrategien zu erforschen. Im Recht können beispielsweise die Einhaltung von der Veröffentlichung von pornografischen Inhalten im Rahmen des Jugendschutz überprüft werden und in der Wissenschaft könnten Annahmen wie Zusammenhänge zwischen der Häufung von Gewaltdarstellungen im Fernsehen und der Erhöhung der Gewaltbereitschaft von Jugendlichen erforscht werden[42].

3.2. Grundbegriffe qualitative Inhaltsanalyse

Die **Inhaltsanalyse** ist nach Früh eine empirische Methode, die der systematischen, intersubjektiven und nachvollziehbaren Beschreibung inhaltlicher und formaler Merkmale von Mitteilungen dient[43] und nach Mollenhauer und Rittenmeyer eine Analyse von Kommunikationsinhalten[44].

Folgend soll ein kurzer Überblick über Grundbegriffe der Inhaltsanalyse festgehalten werden. Das sogenannte **Codebuch** bzw. Regelwerk ist das[45]

---

[41] Vgl. Froschauer und Lueger (2003), S. 16
[42] Vgl. Rössler (2017), S. 14
[43] Vgl. Früh (2015), S. 29 zitiert nach Rössler (2017), S. 22
[44] Vgl. Mollenhauer und Rittenmeyer (1977) zitiert nach Hamzic (2003), S. 3
[45] Vgl. Rössler (2017), S. 21

Kernstück jeder Inhaltsanalyse und hält alle wesentlichen Angaben zur Durchführung der Inhaltsanalyse fest. Die Personen, die dieses Codebuch anwenden, sind die **Codierer**[46]. Codierer ordnen die Kategorien zu bestimmten Textstellen zu[47]. Der Prozess dahinter wird als **Codierung** oder Verschlüsselung bezeichnet. Das Ergebnis einer Codierung sind **Codes**. Codes sind Informationen, die für die Fragestellung interessant sind. Sie werden Zahlenwerten zugeordnet, die anschließend statistisch ausgewertet werden könne. Die Codes werden dann auf **Codebögen** festgehalten, die vom Codierer ausgefüllt werden. Die formalen und inhaltlichen Kriterien, die an das Untersuchungsmaterial angelegt werden, heißen **Kategorien**[48]. Der Begriff Kategorie kann auch als Einteilungsschema beschrieben werden, welches einen mehr oder weniger hohen Grad an Komplexität aufweisen kann. Es können folgende sechs Kategoriearten unterschieden werden: Fakten-Kategorie, inhaltliche Kategorie, analytische Kategorie, natürliche Kategorie, evaluative Kategorie und formale Kategorie[49]. Neben den Kategorien gibt es die vier **Einheiten** in Bezug auf die Untersuchungsmaterialien: Auswahleinheit, Analyseeinheit, Codiereinheit und Kontexteinheit[50]. Die für eine Kategorie vorgesehenen Codes sind ihre **Ausprägungen**. Der gesamte Satz von verwendeten Kriterien sind dann das **Kategoriensystem**[51]. Durch das Kategoriesystem wird die Intersubjektivität des Vorgehens ermöglicht[52].

3.3. Ablauf einer qualitativen Inhaltsanalyse

Der Ablauf der Inhaltsanalyse ist in fünf Phasen unterteilt: in die Planungsphase, in die Entwicklungsphase, in die Testphase, in die Codierphase und in die

---

[46] Vgl. Rössler (2017), S. 21
[47] Vgl. Kuckartz (2014), S. 48 zitiert nach Ornau (2014), S. 19
[48] Vgl. Rössler (2017), S. 21
[49] Vgl. Pfeifer (1995); Kuckartz (2014), S. 46 zitiert nach Ornau (2014), S. 15
[50] Vgl. Rössler (2010), S. 42; Kuchartz (2014), S. 47 f zitiert nach Ornau (2014), S. 18
[51] Vgl. Rössler (2017), S. 21
[52] Vgl. Mayring (2010), S. 49 zitiert nach Ornau (2014), S. 19

Auswertungsphase[53]. In der **Planungsphase** werden die Rahmenbedingungen der Untersuchung und die Problemstellung der Inhaltsanalyse näher abgesteckt. Das Wichtigste ist in dieser Phase zu entscheiden, welches Material überhaupt untersucht werden soll. Abschließend wird eine detaillierte Projektplanung erstellt, die die verfügbaren Ressourcen, wie Geld, Zeit und Codierer, in Relation mit dem angestrebten Erkenntnisfortschritt setzt. In der **Entwicklungsphase** wird die Definition der Analyseeinheiten festgelegt, die als ganz elementare Bezugsgröße für die Codierung den Aussagegehalt der gesamten Forschung bestimmen. Hier wird die Kategoriebildung von dem Forscher eingeleitet. Dabei werden die theoretischen Konstrukte durch operationale Definitionen in Kategorien überführt, dass Messniveau wird anhand von Ausprägungen bestimmt und allgemeine Codierregeln werden festgelegt, um die Beantwortung der Forschungsfrage messbar zu machen. Die Erstellung dieses Instruments bis hin zu einem zufriedenstellenden Kategoriesystem, stellt den größten Aufwand dar. Die Entwicklung der Kategorien und Definitionen findet unter Berücksichtigung der Hypothesen, der früheren Forschung und nach erster Sichtung des Untersuchungsmaterials statt. Das in der Entwicklungsphase erstelle Instrument wird nun in der **Testphase** durch eine Codierung unter Realbedingungen erstmals erprobt. In einer ausführlichen Codierschulung werden erste Informationen über die Güte der Codierung eingeholt. Diese Phase ist wichtig, um das Instrument zu verbessern. Anschließend folgt die **Anwendungsphase**, oder auch Erhebungsphase genannt, des verbesserten Instruments für das gesamte Untersuchungsmaterial. Nach der abgeschlossenen Erhebung folgt die **Auswertungsphase**, in der die gesammelten Daten erfasst und für eine Analyse meistens über Statistikprogramme wie SPSS aufbereitet werden. Hierbei ist es wichtig eventuelle Fehlcodierungen zu korrigieren, unvollständige Datensätze auszusondern und Schreibfehler bei der Dateneingabe zu beseitigen. Um die Studie mit einem Begründungszusammenhang abzuschließen, folgt eine **Ergebnisdarstellung**. Es werden die eigentlichen Befunde der Erhebung präsentiert, die das Untersuchungsmaterial deskriptiv beschreiben. Die Interpretation der Befunde[54]

---

[53] Vgl. Ornau (2014), S. 21
[54] Vgl. Rössler (2017), S. 39 ff

bezieht dann die gewünschten Inferenzschlüsse mit ein und teilt die Ergebnisse der Hypothesenprüfungen mit. Hieraus werden Aussagen zur ursprünglichen Leitfrage der Forschung abgeleitet. Im besten Fall werden diese Aussagen in den Kontext der zugrundeliegenden theoretischen Grundlagen gestellt und früheren Forschungsergebnissen verglichen. Hierin zeigen sich das Ergebnis der gesamten Forschungsarbeit und der Verwertungszusammenhang für die interessierte Fachöffentlichkeit. Um die Erkenntnisse pointiert und verständlich darzustellen, erstellen die Forscher häufig separate Publikationen in Fachzeitschriften[55].

3.4. Notwendigkeit einer qualitativen Inhaltsanalyse mit zwei Praxisbeispielen

Folgend soll ein kurzer Überblick gegeben werden, wann und weshalb eine qualitative Inhaltsanalyse herangezogen werden kann[56]:

- Die **Hypothesenfindung und Theorienbildung** wird herangezogen, um für den Gegenstand relevante Einzelfaktoren und mögliche Zusammenhänge aufzudecken.
- **Pilotstudien** dienen der Erkundung, Konstruktion und Überarbeitung von Kategorien und Instrumenten, die für die Erhebung und Auswertung herangezogen werden sollen.
- **Vertiefungen** werden zum Weiterführen bereits abgeschlossener Studien herangezogen, um die Plausibilität zu überprüfen oder Variablen zur Erstellung von Typologien auszuwählen.
- **Einzelfallstudien** bedienen Einzelfälle und kleine Stichproben.
- **Prozessanalysen** werden herangezogen, um einzelne Veränderungsprozesse zu erklären.
- **Klassifizierungen,** durch Ordnung eines Datenmaterials nach bestimmten, empirischen und theoretischen sinnvoll erscheinenden Ordnungsgesichtspunkten, werden genutzt, wenn eine strukturierte Beschreibung des erhobenen Materials ermöglicht werden soll.

---

[55] Vgl. Rössler (2017), S. 39 ff
[56] Vgl. Hamzic (2003), S. 5 f

- **Theorie- und Hypothesenprüfung** ermöglichen die Kritik und Überprüfung von Theorien, Hypothesen und Kausalitätsannahmen.

Um ein Beispiel zu nennen, wird die Prozessanalyse herangezogen. Beispielsweise wurde eine Studie zur Lehrerarbeitslosigkeit 1985 für ca. ein Jahr und 100 Lehrkräfte durchgeführt, um verschiedene Fragestellungen zu überprüfen und um Informationen zur Prozesskonstruktion zu sammeln[57]. Die Entwicklungstendenzen des Lehrerarbeitsmarktes wurden aufgeteilt in höheres Lehramt und Lehramt an Volksschulen von dem Lehrermangel bis hin zur Lehrerarbeitslosigkeit betrachtet. Ebenfalls wurde die bedarfsorientierte Nachwuchssteuerung als ein vermeintlich unlösbares Problem und alternative Beschäftigungsmodelle für Lehrer angesprochen[58]. Hier wurden folgende Fragen gestellt, um die Veränderungsprozesse zu erklären: Welchen Belastungen sind die arbeitslosen Lehrkräfte ausgesetzt? Wie verarbeiten sie diese Situation kognitiv? Wie bewältigen sie diese Situation? Wo lassen sich Veränderungen in diesen Prozessen festmachen? Wann finden die Veränderungen statt?[59]

Ein weiteres Beispiel für die Verwendung einer qualitativen Inhaltsanalyse, ist die Auswertung von Videoaufnahmen aus der Unterrichtsforschung. Um die Qualität von Unterricht zu erfassen, werden verschiedene Methoden und Instrumente eingesetzt. Am besten ist es, wenn die beteiligten Lehrkräfte und Schüler befragt werden oder Expertentrainings eingesetzt werden. Hierfür werden sowohl quantitative Instrumente wie Fragebögen und Checklisten, aber auch qualitativ orientierte Instrumente wie Interviews und Tagebücher genutzt. In diesem Beispiel wurde ein Kodierleitfaden ‚Lernemotionen' herangezogen[60].

---

[57] Vgl. Hamzic (2003), S. 6
[58] Vgl. Bölling (2009), S. 1 ff
[59] Vgl. Hamzic (2003), S. 6
[60] Vgl. Mayring, Gläser-Zikadu und Ziegelbauer (2005), S. 1 ff

Anlage 1

Interviewleitfaden zur Ermittlung der Kundenbindung an die Tageszeitung MUSTER

Begrüßung

Hallo Herr/Frau...
mein Name ist Riccarda Jung.
Ich möchte mich noch einmal herzlich für das freundliche Telefonat letzte Woche und Ihre Annahme
zum Interview bei Ihnen im Hause bedanken. Wo darf ich mich setzen?

Wir von MUSTER sind heute hier, weil Sie Abonnent unserer Tageszeitung MUSTER sind. Erlauben
Sie mir bitte mich kurz vorzustellen. Ich studiere Wirtschaftspsychologie, B. Sc. im letzten Semester
und bin Bachelorandin der Tageszeitung MUSTER. Im Rahmen meiner Bachelorarbeit möchte ich
herausfinden, inwieweit sich Kunden mit unserer Tageszeitung MUSTER verbunden fühlen. Hierfür
interessiert uns Ihre persönliche Meinung. Es gibt keine richtigen oder falschen Antworten.

Kurz zum Ablauf:

Zum Einstieg stelle ich Ihnen ein paar Fragen zu Ihrer Person. Im Anschluss starten wir direkt mit der
Befragung zur Tageszeitung MUSTER. Dies wird ca. 5 bis 10 Minuten Zeit in Anspruch nehmen.

Datenschutz:

Bevor wir starten möchte ich Ihnen nur noch einmal bestätigen, dass für Ihre Anonymität vollständig
gesorgt ist. Die Beantwortung der Fragen können nicht auf Ihre Person zurückgeführt werden. Uns ist
bewusst, dass Sie nur offen und ehrlich antworten können, wenn diese Voraussetzung gegeben ist.
Hiermit versichere ich Ihnen noch einmal ausdrücklich die Sicherstellung Ihrer Anonymität.

Haben Sie noch Fragen, oder können wir starten?

Gut, wir starten nun mit der ersten Frage.

Befragung

Frage 1: „Mich würde interessieren, was Sie dazu bewegt der Zeitung MUSTER treu zu bleiben. Was
ist der Grund, wieso Sie die Zeitung nicht abbestellen oder wechseln würden?"

Frage 2: „Ich möchte gerne Ihren Umgang mit der Zeitung besser kennenlernen. Welche Inhalte
lesen Sie und wann lesen Sie? Würden Sie die Zeitung zur Ihrer täglichen Routine zählen?"

Frage 3: „Es interessiert mich, ob Sie erwägen die Zeitung zu wechseln. Was wäre der Grund für Sie
zu wechseln?"

Frage 4: „Haben Sie noch weitere Abonnements bei anderen Zeitungsverlagen?"

Frage 5: „Sind Sie denn mit dieser Zeitung zufrieden?"

Frage 6: „Mich interessiert Ihre Verbindung zu dieser Zeitung. Haben Menschen in ihrem Umfeld
auch ein Abo dieser Zeitung?"

Frage 7: „Denken Sie diese Zeitung zu abonnieren bringt einen gesellschaftlichen Stellenwert mit
sich?"

Frage 8: „Was würden Ihre Freunde davon halten, wenn Sie die Zeitung nicht abonnieren würden?"

Frage 9: „Ich frage mich, ob Sie politisch engagiert sind. Wie ist Ihre Verbindung zur Lokalpolitik?"

Frage 10: „Wie ist Ihr Empfinden bezüglich des Preises dieser Zeitung?"

Frage 11: „Haben Sie Interesse an Treuevorteilen?"

Frage 12: „Was wissen Sie über Beschwerdekanäle und welche Erfahrungen haben Sie bisher damit gemacht?"

Frage 13: „Mich interessiert, wie Sie den Nutzen dieser Zeitung beurteilen würden. Bitte beschreiben Sie mir, welche Funktion ein Abo bei dieser Zeitung für Sie persönlich hat."

Frage 14: „Würden Sie die Zeitung als eine Marke beschreiben?"

Frage 15: „Ich würde Sie bitten mir zum Abschluss noch einmal kurz und knapp folgende Fragen mit ja oder nein zu beantworten:

Finden Sie die Zeitung übersichtlich?

…handhabbar?

…ausführlich?

…objektiv?

…nah am Leser?

…farbig?

…interessant?

…sachlich?

…modern?

…optimistisch?

…glaubwürdig?

…aktuell?

Abschied:

Sie haben es geschafft. Ich bedanke mich herzlich für Ihre kostbare Zeit und Ihr offenes Feedback. Wenn Sie Fragen zur Umfrage oder zur Anonymität haben, können Sie sich gerne jederzeit an mich wenden - hier haben Sie meine Visitenkarte. Hier finden Sie alle relevanten Kontaktdaten.
Ich wünsche Ihnen einen schönen Tag. Auf Wiedersehen.

Literaturverzeichnis

Bölling, R. (Hrsg.). (2009). Lehrerarbeitslosigkeit - Historische Erfahrungen, gegenwärtige Stiuation und Zukunftsperspektiven [Themenheft]. *Beilage zur Wochenzeitung Das Parlament, S. 3-14* (B 21/87): Das Parlament.

Breyer-Mayländer, T. & Keil, M. (2019). *Kundengewinnung und Kundenbindung bei Presseabonnements. Aktuelle Methoden und praktische Erfahrungen* (1st ed. 2019). Verfügbar unter https://doi.org/10.1007/978-3-658-26050-7

Dimbath, O., Ernst-Heidenreich, M. & Roche, M. (September 2018). Praxis und Theorie des Theoretical Sampling. Methodologische Überlegungen zum Verfahren einer verlaufsorientierten Fallauswahl. *FQS - Forum: Qualitative Sozialforschung Social Research,* Volume 19, No. 3, Art. 34, S. 1–26. Zugriff am 21.09.2019. Verfügbar unter http://www.qualitative-research.net/index.php/fqs/article/viewFile/2810/4311

Flick, U. (2000). *Qualitative Forschung. Theorie, Methoden, Anwendung in Psychologie und Sozialwissenschaften* (Rororo Rowohlts Enzyklopädie, Bd. 55546, Orig.-Ausg., 5. Aufl.). Reinbek bei Hamburg: Rowohlt-Taschenbuch-Verl.

Friebertshäuser, B., Langer, A. & Prengel, A. (Hrsg.). (2013). *Handbuch qualitative Forschungsmethoden in der Erziehungswissenschaft* (4., durchgesehene Auflage). Weinheim: Beltz Juventa.

Froschauer, U. & Lueger, M. (2003). *Das qualitative Interview. Zur Praxis interpretativer Analyse sozialer Systeme* (UTB Soziologie, Bd. 2418, 1. Aufl.). Wien: WUV. Verfügbar unter http://www.utb-studi-e-book.de/9783838524184

Giloth, M. (2018). *Kundenbindung in Mitgliedschaftssystemen. Ein Beitrag zum Kundenwertmanagement – dargestellt am Beispiel von Buchgemeinschaften* (Schriften zu Marketing und Management, Bd. 46, 1st, New ed.). Doctoral Thesis. Frankfurt a.M: Peter Lang GmbH Internationaler Verlag der Wissenschaften. https://doi.org/10.3726/b13621

Hamzic, A. (2003). *Qualitative Inhaltsanalyse*. Referat. Carl von Ossietzky Universität, Oldenburg. Zugriff am 06.10.2019. Verfügbar unter http://www.psychologie.uni-oldenburg.de/veranstaltungen/ReferatQIA.pdf

Iwd (Informationen aus dem Institut der deutschen Wirtschaft, Hrsg.). (2018). *Sharing Economy - das Teilen von Alltagsgegenständen*. Zugriff am 05.09.2019. Verfügbar unter https://www.iwd.de/artikel/sharing-economy-ein-trend-unter-der-lupe-405385/

Kruse, J., Strohmer, J. (Mitarbeiter) (Wirtz, M. A., Hrsg.). *Qualitative Fallauswahl*. Vgl. Kruse, J. (2013). Einführung in die qualitative Interviewforschung. Weinheim: Juventa, Hogrefe. Zugriff am 21.09.2019. Verfügbar unter https://portal.hogrefe.com/dorsch/qualitative-fallauswahl/

Mayer, H. O. (2013). *Interview und schriftliche Befragung. Grundlagen und Methoden empirischer Sozialforschung* (Sozialwissenschaften 10-2012, 6., überarb. Aufl.). München: Oldenbourg. Verfügbar unter http://www.oldenbourg-link.com/isbn/9783486706918

Mayring, P., Gläser-Zikadu, M. & Ziegelbauer, S. (MedienPädagogik, Hrsg.). (2005). *Auswertung von Videoaufnahmen mit Hilfe der Qualitativen Inhaltsanalyse - ein Beispiel aus der Unterrichtsforschung* (9. Aufl.), Open Access Repository, www.ssoar.info. 1-17. Zugriff am 06.10.2019. Verfügbar unter https://www.ssoar.info/ssoar/bitstream/handle/document/341/ssoar-medienpaed-2005-9-mayring_et_al-auswertung_von_videoaufnahmen_mit_hilfe.pdf?sequence=1&isAllowed=y&lnkname=ssoar-medienpaed-2005-9-mayring_et_al-auswertung_von_videoaufnahmen_mit_hilfe.pdf

Ornau, F. (2014). *Inhaltsanalyse*. Studienbrief (1141-01, 1. Auflage).

Reinhardt, R. & Ornau, F. (2015). *Interviewtechnik*. Studienbrief (1002-02, 2. Auflage).

Rogall, D. (2000). *Kundenbindung als strategisches Ziel des Medienmarketing. Entwicklung eines marketingorientierten Konzeptes zur Steigerung der Leserbindung am Beispiel lokaler/regionaler Abonnementzeitungen*. Zugl.:

Marburg, Univ., Diss., 2000. Marburg: Tectum-Verl. Verfügbar unter
https://books.google.de/books?hl=de&lr=&id=J_IWm1cJAUgC&oi=fnd&pg=P
R6&dq=Kundenbindung+als+strategisches+Ziel+des+Medienmarketing+:+E
ntwicklung+eines+marketingorientierten+Konzeptes+zur+Steigerung+der+Le
serbindung+am+Beispiel+lokaler/regionaler+Abonnementzeitungen+Detlef+
Rogall&ots=H3eud-3G4C&sig=KBIFCKx-
hvQZiHg2LOLText2bu0&redir_esc=y#v=onepage&q=Kundenbindung%20als
%20strategisches%20Ziel%20des%20Medienmarketing%20%3A%20Entwic
klung%20eines%20marketingorientierten%20Konzeptes%20zur%20Steigeru
ng%20der%20Leserbindung%20am%20Beispiel%20lokaler%2Fregionaler%
20Abonnementzeitungen%20Detlef%20Rogall&f=false

Rössler, P. (2017). *Inhaltsanalyse* (UTB Basics, Bd. 2671, 3., völlig
überarbeitete Auflage). Konstanz: UVK Verlagsgesellschaft mbH;
UVK/Lucius. Verfügbar unter http://www.utb-studi-e-book.de/9783838547060